本册编委会

主 编：陈国东 高 峰
副主编：李承森 李 晶 戴进业 白勇军
编 委（以姓名笔画为序）：
马清温 王海昌 白勇军 李 晶 李承森 肖 方 陈国东
胡亚玲 徐 康 高 峰 郭 毅 龚思宇 戴进业

引 言

在海南岛南部山区生长着茂密的热带山地雨林,这里生活着黎族和苗族人民。他们崇拜大自然,依山傍水修建起黎村苗寨,建造船形屋,种植山栏稻和槟榔,采得百草医治病痛,创造了织锦技术。绚丽多彩的黎锦成为传世之宝。从古老的钻木取火、刀耕火种到今天的富足山乡,黎族和苗族人民跨越几个世纪过上现代化的小康幸福生活。黎族、苗族的服饰、方言、婚丧嫁娶、生活习俗及往日的文身,都逐渐成为历史记载和文化符号。大自然是人类社会发展的载体,不仅为我们提供了生活物资,而且是人类演化的外部驱动力。让我们走进热带山地雨林,探秘大自然对黎苗人民生存发展的生态功能,与黎苗人民携手共进,建设好雨林之中的美好家园。

本册将带您走进热带山地雨林,认识黎苗山寨,体验黎苗风情。

七仙岭山地雨林

概 要

第一节　热带山地雨林 / 5

第二节　黎家风情 / 28

第三节　苗寨风光 / 52

高耸的槟榔树

第一节

热带山地雨林

【关键词】 热带雨林气候　甘什岭　槟榔谷

【知识点】 季风　季相　赤道低气压　辐合上升

研学地点

海南甘什岭省级自然保护区

黎苗文化旅游区

海南省保亭黎族苗族自治县槟榔谷

黎家山寨

黎家村寨的村口石刻

研学背景

地球上现存生物中的近半数种类生活于仅占大陆表面 3% 的温暖与潮湿的热带雨林之中。世界上有印度马来西亚雨林群系、非洲雨林群系、美洲雨林群系三大雨林群系。海南岛是印度马来西亚雨林群系的一部分，也是世界热带雨林分布的北缘。

海南岛的森林覆盖面积大，由五指山、霸王岭、尖峰岭、吊罗山和黎母山等热带森林区组成。

热带地区植物——铁西瓜

研学知识

1. 热带雨林气候

气候特征

热带季风气候（tropical monsoon climate）分布在北纬 10° 到北回归线的南亚和东南亚大部分地区，包括中南半岛、印度半岛、菲律宾群岛北部，以及我国台湾南部、广东南部、广西南部、海南岛、云南西双版纳等地。全年高温，年平均气温在 20℃ 以上，年较差在 3～10℃。一年中风向的季节变化明显，降水与风向密切相关，冬季盛行来自大陆的东北风，降水稀少，夏季盛行来自印度洋的西南风，降水丰沛，形成降水的干湿两季，年降水量可高达 2500 毫米。海南岛属于热带海洋性季风气候，岛内山地又多属于热带雨林气候。

热带雨林气候又称"赤道多雨气候"，以全年高温多雨为特征。热带雨林气候区位于赤道附近，全年太阳辐射强烈，年变化小。太阳在春分和秋分时节两次直射赤道，所以各气象要素的年变化都具有双峰形特点。区内气温高，月平均气温在 25～28℃，年温差不超过 5℃。日最高气温在 35℃，日最低气温不低于 20℃。日温差可达 10～15℃，日气温比年气温变化大。全年降水充沛，年降水量 2000 毫米，山地地区的年降水量可达 6000 毫米。降水的季节分配均匀，降水多造成湿度高。

热带雨林气候区全年受到赤道海洋气团控制，风力微弱，基本

每天上午闷热晴朗，午前炎热，随着积云层不断增厚，午后则是暴雨倾盆，雨后天气稍微凉爽。第二天又是如此，循环往复。热带雨林气候区全年皆夏，没有一年四季（季相）的变换。

在非洲赤道的高山地带会出现自山下向山上气温逐渐降低、降水持续减少的现象，呈现出从山下热带向山上温带和山顶寒带变化的气候垂直分带现象。山麓是热带雨林，山峰却被终年积雪所覆盖。

热带地区植物——海芋

第五册：热带山地雨林与黎苗风情

热带山地雨林中的黎家山寨

气候成因

热带雨林气候区全年受到的太阳辐射能量最多，同时受到赤道低气压控制，信风在赤道附近聚集，辐合上升，造成以上升气流为主的自然现象，形成对流雨，降水极为丰富。南北纬10°之外的低纬度地区虽然不受赤道低气压影响，但是由于大气环流和海洋洋流共同作用，也会出现热带雨林气候，如我国的云南、台湾岛、海南岛。

气候分布区

热带雨林气候主要分布在南纬10°和北纬10°之间的地区，包括南美洲的亚马孙河流域，非洲的刚果河流域，亚洲的马来半岛、菲律宾群岛、印度尼西亚等地，以及苏门答腊岛至新几内亚岛等地。在此范围之外也属于热带雨林气候的地区有中美洲东部、巴西高原东南部、澳大利亚东北部、马达加斯加岛和几内亚湾北岸等地。

链接 热带

热带（tropics）主要指处于赤道两侧南北回归线（即南纬与北纬23°26′）之间的地带。热带区域占全球总面积的39.8%。

链接 季风

由于大陆和海洋在一年之中增热与冷却程度不同，在大陆和海洋之间的风随着一年中季节的转换而有规律地改变风向，这种风被称为季风（monsoon）。

链接 季相

植物在不同季节表现的外貌称为季相。在一年四季的生长过程中，植物的叶、花、果的形状和色彩随季节发生变化。在不同气候带的植物的季相也不同。

热带地区植物木棉树干上的刺状突起

飞向海南

> **链接　赤道低气压带**
>
> 赤道及其两侧是太阳高度角最高的地带，接收的太阳光热最多，地面增温也快，地面空气受热膨胀上升，气压降低，形成一个低气压带，叫作赤道低气压带。

2. 热带雨林

热带雨林特征

热带雨林是生长在热带雨林气候区与热带海洋性气候区里的常绿森林。热带雨林分布在赤道及其附近的热带地区。由于气候常年炎热，雨量充沛，四季为夏，动植物种类多样性极为丰富，生物群落演替速度很快，形成地球上稳定性最高的生态系统。

热带雨林中的植物叶常绿，花常开，果常熟，四季不断。热带雨林中的乔木层可高过30米，多为常绿树和落叶阔叶树种。树干基部生长出板根，多呈放射状向外扩展，保障树木在风暴中不倒。树干和树枝上长出气生根，悬垂下来，插入土中继续生长成为新树干，长年积累，就会形成"独木成林"的景观。在老树干上或者根茎处长出花枝，开花结果，成为热带雨林中"老茎生花""老树结果"的奇特现象。热带雨林中存在植物绞杀现象，即网状根膨大愈合变成包围在树干外面的绞杀网，久而久之，位于里面的树干就被绞杀致死。热带雨林里藤本植物发达，茎干粗达30厘米，长可超过300米。雨林树木的茎干和叶面上一般都附生有地衣、藻类、苔藓、蕨类及兰科植物，树干犹如披上绿衣或绽放艳丽的花朵，形成"树上生树"的奇妙现象。附生植物是热带雨林中的特有现象。附生植物具有迅速汲取和收储雨水的器官与组织。植物中附生能力最强的是兰科、凤梨科和天南星科及部分蕨类植物。

热带地区植物——香蕉

热带地区植物——海芋

第五册　热带山地雨林与黎苗风情

第9页

热带雨林中的动物种类繁多，但是个体数量相对较少。动物多具有鲜亮美丽的体色、多种体形和外表。以森林动物为主，有大猩猩、黑猩猩、长臂猿、猕猴、蜂猴、蛛猴、倭河马、树懒、小食蚁兽、南美貘、蝙蝠、巨松鼠、绿孔雀、太阳鸟、蜂鸟、蟒蛇、巨蜥、树蛙等。大洋洲有树袋鼠、树袋熊、极乐鸟等。大象、河马等大型动物一般活动在热带雨林边缘或稍开阔的河谷地区。

热带雨林是地球亿万年自然环境变迁和生命演化的结果，是地球上最大的生物基因库、碳素生物循环转化和储存的活动库，为人类生存和发展提供了宝贵的自然资源。

热带雨林分布

世界热带雨林主要分布在南回归线和北回归线之间的地区，包括四个生物地理界：热带界（非洲大陆、马达加斯加岛等）、大洋洲界（澳大利亚、新几内亚和太平洋群岛）、印度马来西亚界（印度、斯里兰卡、亚洲大陆、东南亚）、新热带界（南美、中美和加勒比群岛）。

中国热带雨林分布在世界热带雨林最北部边缘，包括台湾岛南部、海南岛、云南西双版纳、西藏墨脱等地区，以海南岛和西双版纳最典型。热带雨林的典型植物种类有龙脑香科的望天树、青梅等，优势乔木有桑科的见血封喉、波罗蜜、榕树，无患子科的番龙眼，以及番荔枝科、肉豆蔻科、橄榄科、棕榈科、大戟科、桃金娘科及梧桐科等种类。

3. 海南甘什岭省级自然保护区

海南甘什岭省级自然保护区位于五指山山脉向南延伸的低山丘陵地区。该地区的海拔在50～680米，坡度为30°～50°，地形呈中间低、四周高的向内倾斜格局，有许多小盆地分布在群山之中。保护区为热带雨林气候，年平均气温为25℃。年降水量约为1800毫米，每年6～10月为雨季，11月至翌年5月为干季。土壤母质是花岗岩，土层较薄，渗透性较强。

保护区内山水相依，青峰绿谷，叠峦起伏，鸟语花香。植物有34科63属88种，以乔木为主，占94%，具有热带雨林典型植物龙脑香科的坡垒和青梅，然后是大戟科、樟科、梧桐科、无患子科、楝科、桃金娘科、壳斗科、木兰科、棕榈科等。主要树种有榕树、铁棱（铁力木）、凤凰树、野荔枝、野龙眼、野山茶、野桐、海南油杉、海南合欢、香椿、赤楠、银叶树、陆均松、桄榔、油棕、树蕨等。灌木有紫金牛、白茶树、小叶柿、灰叶蒲桃、马钱等；林下草本有野山姜、高良姜、益智及兰科和莎草料植物等。藤本植物有过江龙、省藤、鸡血藤、黄藤、白藤、崖角藤等。保护区常见动物有蟒蛇、圆鼻巨蜥、海南山鹧鸪、坡鹿、水鹿、野猪、巨松鼠、褐翅鸦鹃、大壁虎等及各种鸟类。

山地雨林中丰富的植物种类

山地雨林中的藤本植物

第五册 热带山地雨林与黎苗风情

植物——雨林植物

降香

降香（Dalbergia odorifera）的别名是降香黄檀、降香檀、花梨、香红木、香枝木、花梨木、黄花梨，属于豆科黄檀属的乔木，高10～15米，树皮呈褐色或淡褐色，粗糙，小枝有密集皮孔；羽状复叶，为卵形或椭圆形；圆锥花序腋生，分枝呈伞房花序状，花冠呈乳白色或淡黄色；荚果为舌状长圆形，果瓣有种子1～2颗。降香是阳性树种，适宜在光照强、排水良好的环境里生长。

降香的心材最具经济价值。心材通常为紫红褐色或深红褐色，纹理细密美观，常带黑色条纹，具有自然形成的图案，俗称"鬼脸"。降香以树干和根的干燥心材入药，名降香，有化瘀止血、理气止痛的功能。降香含有芳香油，心材蒸馏得到的降香油气味清香，不挥发，是香料的定香剂。木材材质致密硬重，强度大，耐腐耐磨，是制作高档红木家具、工艺品、乐器的上等材料。

降香果实

降香草药

红木是国内家具用材约定俗成的名称，国家标准《红木》（GB/T 18107—2017）规定了符合红木标准的5属8类植物，包括紫檀属、黄檀属、柿属、崖豆属与决明属等5属，对树种心材的密度、结构和材色有严格的规定。其中香枝木类、黑酸枝木类、红酸枝木类的植物之一就是黄檀属的树种。

降香原产于印度、泰国等地。我国有天然分布的降香，人工栽培较少，木材珍贵，且完整心材的成材时间需要上百年。早年的无序砍伐严重破坏了降香的自然资源，几近枯竭，现已被列为国家二级保护植物，被《中国生物多样性红色名录——高等植物卷》列为极危种。

降香树

合果芋

合果芋（*Syngonium podophyllum*）也称白果芋，属于天南星科合果芋属的多年生常绿草本植物。它的茎节上长出气生根，随气生根攀附其他树干而向上生长。合果芋的叶片呈两型性。幼叶为单叶，为箭形或戟形；老叶呈5~9裂的掌状叶；叶基裂片两侧常着生小型耳状叶片。初生叶色淡，老叶呈深绿色。合果芋长在地面上时，叶是白色盾形的，当它攀附到树上时，叶色变深、变绿，裂片也会相应增加。

在同一植株上有不同叶形的现象叫作异形叶性。异形叶性的发生可能与枝的老幼不同而造成叶形各异有关，也可能与外界环境变化引起叶形与叶色变化有关。佛焰苞呈浅绿或黄色。合果芋一般不易开花，比较喜欢散光，耐阴，繁殖容易，栽培简便。但是，大部分天南星科植物具有毒性，毒性多聚集在根茎及汁液中，室内养殖需要注意安全，避免中毒。

合果芋多变的叶形

合果芋气生根

合果芋

第五册 热带山地雨林与黎苗风情

飞向海南

桫椤

桫椤（*Alsophila spinulosa*）又名蛇木、水桫椤、刺桫椤等，属于桫椤科桫椤属蕨类植物。桫椤是从恐龙时代生存至今的唯一木本蕨类植物，故又称树蕨或蕨树。树干可高达6米，胸径为10~20厘米，上部有残存叶柄，下部生长密集不定根；茎端和幼叶具有拳卷特征；叶螺旋状排列于茎顶端，叶柄可长达50厘米；叶片大，为长矩圆形，三回羽状深裂；羽片17~20对，互生，二回羽状深裂；小羽片18~20对，为披针形，羽状深裂，裂片18~20对，镰状披针形，边缘有锯齿；孢子囊群生长在侧脉分叉处，靠近中脉，囊托突起，囊群盖为球形。

桫椤属于半阴性树种，喜温暖潮湿气候，生长在海拔260~1600米的热带亚热带林下荫地或山谷溪边。桫椤树干中空，可以用于制作笔筒，茎含淀粉，可供食用。干燥茎的碎屑被称为"蛇木屑"，可用作兰花等植物的肥料。此外，桫椤还是一种很好的庭院观赏树木。

早在1.8亿年前的中生代时期，桫椤是地球上最繁盛的植物，与恐龙并称"爬行动物时代"的两大标志生物。经过漫长的地质变迁和生命演化，其他蕨类植物延续到今天都成为草本植物，只有桫椤是唯一的木本植物，极其珍贵，堪称国宝。

榼藤（过江龙）

榼藤（*Entada phaseoloides*）也叫过江龙、榼子藤、眼镜豆、牛肠麻等，为豆科榼藤属的藤本植物，常绿，叶是二回羽状复叶，羽片通常 2 对，顶生 1 对羽片变为卷须。茎（藤）扭旋，可超过百米。过江龙的荚果是巨型豆荚，有硕大的种子。豆荚木质、扁平、弯曲，长度可达 1 米。每节豆荚内有 1 颗种子。种子扁平，近圆形，直径为 4～6 厘米，有暗褐色光泽。过江龙是雨林中名副其实的植物"巨蟒"。过江龙通常生长于山涧或山坡混交林中，攀缘于大乔木上。过江龙的茎皮及种子均含皂素，可用作肥皂的代用品；茎皮的浸液有刺激性。种子含淀粉及油，种仁含油约 17%，经处理后可食用。

过江龙的根部

过江龙的种子

过江龙的荚果

第五册 热带山地雨林与黎苗风情

灵芝

灵芝（*Ganoderma lucidum*）别称赤芝、木灵芝、菌灵芝、万年蕈、灵芝草等，属于真菌类灵芝科灵芝属的植物。灵芝外形呈伞状，菌盖呈肾形、半圆形或近圆形；籽实体下面有无数小孔，管口圆形，内壁为籽实层；孢子产生于担子顶端。菌柄侧生，呈紫褐色至黑色，有漆样光泽，坚硬。灵芝生活在 15～35℃的高温高湿环境里，籽实体在 10～32℃能够很好地生长。低于 25℃，籽实体生长缓慢，高于 35℃，籽实体会死亡。

灵芝分布于我国各地，多分布在长江以南高温多雨地带。灵芝含氨基酸、多肽、蛋白质、真菌溶菌酶、糖类、硬脂酸、生物碱、维生素等多种有益于人体健康的成分；孢子还含甘露醇、海藻糖。灵芝性温，味微苦涩，具有补气安神、止咳平喘的功效，可治疗眩晕不眠、心悸气短、虚劳咳喘等症状。

灵芝

人工种植的灵芝

飞向海南

植物——"四大南药"

我国药学界通用南药的定义是指我国长江以南、南岭以北地区所生产的一系列道地药材的统称，大约有1500种，其中槟榔、巴戟天、益智仁、砂仁被称为"四大南药"。

槟榔

槟榔（Areca catechu）属于棕榈科槟榔属植物，茎直立不分枝，挺拔，可高达30米。茎上有明显的环状叶痕，叶簇生于茎顶，叶脱落后会在主干上留有叶痕。花序长在近茎顶的节上，花序多分支。槟榔果实为长圆形或卵球形，长3～5厘米，呈橙黄色，中果皮厚，纤维质。种子为卵形。

海南岛是我国槟榔的主产区之一。槟榔树生长4～5年开始结果，经济寿命约有60年。干燥的槟榔花、种子可入药。槟榔位居"四大南药"之首。《中华人民共和国药典》记载的槟榔加工包括采收果实、水煮、除去果皮取出种子、干燥。焦槟榔是槟榔的炮制加工品，是把槟榔浸泡润透、切成薄片、阴干而成的。槟榔有杀虫、消积、行气、利水等功效。焦槟榔能够消食导滞。槟榔花是雄花蕾晒干而成的药材。

益智

益智（*Alpinia oxyphylla*）为姜科山姜属多年生草本植物。株高可达3米，茎丛生，叶片披针形，总状花序在花蕾时全部包藏于一帽状总苞片中，花萼为筒状，花冠呈白色，唇瓣为倒卵形，粉白色具有红色脉纹，蒴果鲜时为球形，干时为纺锤形，呈棕色，种子为扁圆形，具有淡黄色假种皮。夏秋间果实由绿变红时采收，晒干或低温干燥后成为中药材。益智仁是把益智除去外壳，用时捣碎。海南为益智主产区。

益智仁

益智

砂仁

砂仁（*Amomum villosum*）为姜科豆蔻属多年生草本植物，株高可达3米，茎散生；根茎匍匐在地面上；中部叶片为长披针形，上部叶片为线形；穗状花序为椭圆形，花萼顶端具有三浅齿，裂片为倒卵状长圆形，呈白色，唇瓣为圆匙形，呈白色；子房外面有白色柔毛。蒴果为椭圆形，成熟时呈紫红色，干后呈褐色，种子为多角形，有浓郁香气，味苦凉。干燥果实入药有化湿开胃、温脾止泻、理气安胎的功效。

砂仁

砂仁的果实

巴戟天

巴戟天（*Morinda officinalis*）的别名有巴戟、鸡肠风等，属于茜草科巴戟天属的多年生植物，藤本，肉质根呈紫红色，干后呈紫蓝色；老枝呈棕色或蓝黑色；叶为长圆形、卵状长圆形或倒卵状长圆形，全缘，干后呈棕色；头状花序排列于枝顶，花序具有花4～10朵；花萼为倒圆锥状，下部与邻近花萼合生；花冠呈白色，为近钟状；雄蕊与花冠裂片同数；花柱柱头为长圆形或花柱内藏；聚花核果由多花或单花发育而成，为扁球形或近球形，呈红色；种子呈黑色，略呈三棱形。巴戟天以干燥肉质根入药，有补肾阳、强筋骨、祛风湿的功效。

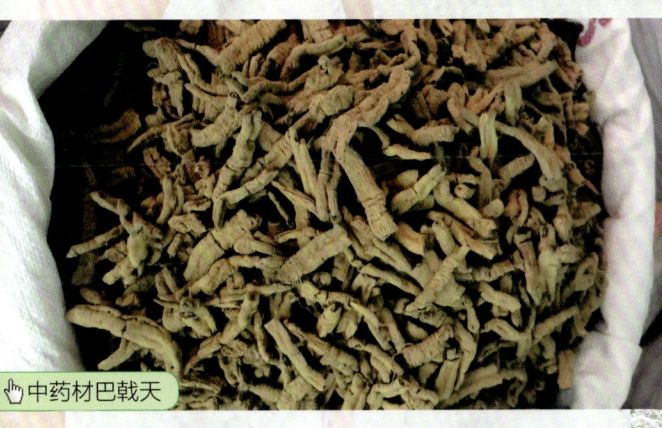

中药材巴戟天

巴戟天

植物——黎族树皮布植物

黎族树皮布又称纳布、楮皮布、谷皮布等。树皮布的原料植物有构树、厚皮树、见血封喉等。

构树

构树（*Broussonetia papyrifera*）属于桑科构属植物，乔木，叶基部心形，边缘具粗锯齿，不分裂或3～5裂；花雌雄异株，雄花序为柔荑花序，雌花序球形头状。聚花果成熟时呈橙红色，肉质。构树古称楮。构树的韧皮纤维发达，可以做造纸材料。构树的树皮是海南黎族制作树皮布的原料。树皮布是一种无纺织布，以树皮为原料，经过选材、扒树皮、修整树皮、浸泡脱胶、漂洗、晒干、拍打技术加工制成。

构树果实

构树叶

构树皮制作的树皮布

第五册 热带山地雨林与黎苗风情

第19页

植物——黎族棉纺布植物

木棉

木棉（*Bombax ceiba*）属于木棉科木棉属的落叶乔木，掌状复叶，小叶5~7片，幼树树干通常有圆锥状粗刺；花单生枝顶叶腋，花大而美丽，通常呈红色，花瓣肉质；蒴果为长圆形，种子光滑，多数，倒卵形。在干热地区，花先叶开放，在季雨林或雨林中，花叶同时存在。果实内的棉毛是上等纺织材料，也可以作为枕头和被褥的填充材料。木棉树姿挺拔，是行道树或公园观赏树种。木棉花可入药，有清热除湿的功效，能治菌痢、肠炎、胃痛；根皮和树皮也可入药。种子油可做润滑油，制作肥皂。木材轻软，可用来造纸。

木棉

木棉果实

木棉光滑的种子及棉毛

木棉树干

木棉掌状复叶

棉花

棉花是锦葵科棉属一年生草本植物，蒴果为圆球形或椭圆形，成熟后开裂，种子密被白色长棉毛。海南棉花成长为多年生的灌木，栽培的棉花品种很多，主要有草棉、亚洲棉、陆地棉、海岛棉4种。棉花是人类主要的纺织原料，经济价值大。棉籽可以榨油，高温除掉棉酚后可供食用，其残渣（即棉籽饼）可做牲畜饲料或肥料。

👆 长在树上的棉花

👆 棉花树叶

链接　生物入侵——外来种

一种生物以任何方式传入其原产地以外的地理区域并在新生长地建立自然种群，该种群即是外来种。这种现象就是生物入侵。

链接　热带雨林中树木异常高大的原因

热带雨林地区阳光照射强烈，光照时间长，气温高，积温也高，降雨量更大，每年会超过2000毫米，为植物生长提供了优越的条件。森林里的乔木生长很快，形成高大的乔木层。乔木板根支撑树干向高处生长。优越的气候条件促使雨林里的植物长得又高又快又稠密。为了争夺空间和阳光，植物通常往高处生长，通过寄生和绞杀等方式吸取高大树木的养分，并缠死大树。当然，乔木树冠遮天蔽日，遮挡了阳光，会让生长在它下面的矮小植物因得不到足够阳光照射而死亡。

👆 乔木状的槟榔

第五册　热带山地雨林与黎苗风情

第21页

4. 动物

倭花鼠

倭花鼠（*Tamiops maritimus*）的别名为倭松鼠。头体长为 10～13 厘米，尾长为 8～11 厘米。背毛短，呈橄榄灰色；腹毛呈淡黄色，侧面的亮条纹短而窄，呈暗褐白色。眼睛下面的灰白色条纹不与背上的其他亮条纹相连。它属于树栖动物，能在树间做长距离跳跃。它具有独特的叫声。海南岛为其独立亚种存在地。

👉 倭花鼠

丽叩甲

丽叩甲（*Campsosternus auratus*）俗称磕头虫，为昆虫纲鞘翅目叩甲总科丽叩甲属的昆虫。身体为长椭圆形，分为头、胸、腹三部分；头宽，额向前呈三角形凹陷，两侧高凸；鞘翅呈墨绿色、绿褐色、蓝绿色等。前胸背板和鞘翅周缘具有金色和紫铜色金属闪光。触角 10 节，触角和跗节呈黑色，爪呈暗栗色。丽叩甲是南方常见昆虫，喜欢在林间活动。

👉 丽叩甲

锯眼蝶

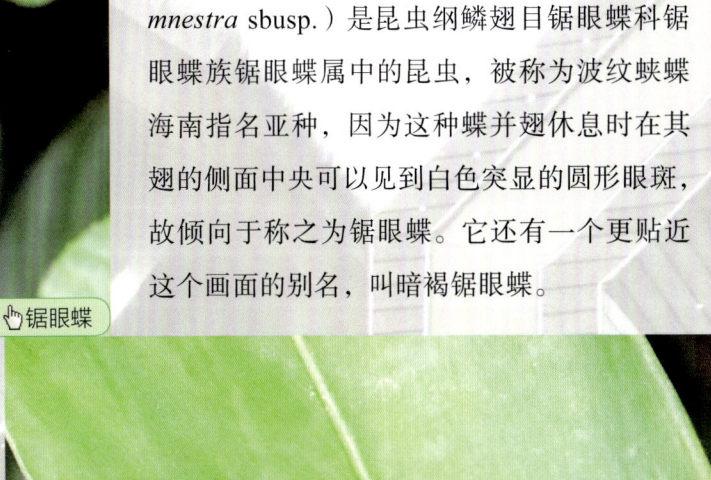

翠袖锯眼蝶海南亚种（*Elymnias hypermnestra* sbusp.）是昆虫纲鳞翅目锯眼蝶科锯眼蝶族锯眼蝶属中的昆虫，被称为波纹蛱蝶海南指名亚种，因为这种蝶并翅休息时在其翅的侧面中央可以见到白色突显的圆形眼斑，故倾向于称之为锯眼蝶。它还有一个更贴近这个画面的别名，叫暗褐锯眼蝶。

👆锯眼蝶

泥蜂

泥蜂是膜翅目细腰亚目泥蜂总科的通称。泥蜂是一类狩猎蜂，世界性分布，有9000余种，多分布在热带和亚热带地区。我国已记载了300种以上，隶属8亚科38属。大多数泥蜂在土中筑巢，如沙泥蜂属、壁泥蜂属、短柄泥蜂属等。多数泥蜂为独栖性，常栖息在沙地、花园等僻静干燥且人少的地方。泥蜂口器为咀嚼式或嚼吸式。雌蜂先营巢室，后将猎物带回巢室贮存。

👆泥蜂

木蜂

木蜂（*Xylocopa sp.*）为膜翅目蜜蜂科木蜂属的昆虫，因在木结构中筑巢而得名，是蜜蜂科中的大型种类。体粗壮，呈黑色或蓝紫色并具有金属光泽。胸部生有密毛，腹部背面通常光滑。触角为膝状。翅狭长，常有虹彩。营独居生活，常在干燥的木材上蛀孔营巢，对木材、桥梁、建筑、篱笆等危害很大。

👆木蜂

第五册 热带山地雨林与黎苗风情

绿天牛

绿天牛为鞘翅目天牛科（Cerambycidae）绿天牛族中的昆虫。身体分为头、胸、腹三部分。头、胸背侧具有绿色金属闪光。鞘翅为紫绿黄色，也具有金属闪光。触角有 10～11 节，基部具有黑色金属闪光。前足最短，前足和中足基部第一节粗，具有绿色金属闪光；前足第二节具有黄色金属闪光。后足最长，呈黑色。

👆绿天牛

链接 天牛

天牛是植食性昆虫，危害木本植物，如松树、柏树、柳树、榆树、柑橘树、苹果树、桃树和茶树等；也危害草本植物，如棉花、麦子、玉米、高粱和甘蔗等；少数会危害木材、建筑和家具。天牛是林业、农业和建筑材料等方面的害虫。

荔蝽

荔蝽（Tessaratoma papillosa）为半翅目蝽科的昆虫。身体似盾形，呈黄褐色；头小，有复眼与单眼各 1 对；腹部背面有白斑，静止时盖入翅下，翅脉清晰可见；触角为丝状，4 节，呈黑色；位于胸部与后胸腹面之间有臭腺孔 1 对。分布于南方各地。荔蝽是荔枝、龙眼的主要害虫，也危害柑橘、梨、桃、橄榄、香蕉等的果树。成虫和若虫吸食花、幼果和嫩梢的汁液，造成植物落花落果，甚至枯死。荔蝽分泌的臭液有腐蚀作用，能使花蕊枯死，果皮发黑。在受到惊吓或者攻击时，荔蝽会分泌出臭液。这种臭液会损害人的眼睛及皮肤。

👆荔蝽

> **链接** 白带螯蛱蝶

白带螯蛱蝶（*Charaxes bernardus*）海南亚种是鳞翅目蛱蝶科螯蛱蝶属的一种。成虫翅的正面呈红棕色或黄褐色，反面呈棕褐色。雄蝶前翅有很宽的黑色外缘带，中区有白色横带。本种色彩及斑纹多变化。触角前缘的节膨大。它喝水时不用触角接触水面，而是用足去触摸。这是由于它的足的末端有味觉器官，灵敏度比人用舌头去尝味还要高200倍。成虫寿命为12～27天。

👆 白带螯蛱蝶

> **链接** 斑络新妇

斑络新妇（*Nephila pilipes*）属于蛛形纲蜘蛛目圆蛛科络新妇属。雌蛛背甲呈黑褐色，密被白色细毛；步足呈红褐色，结节处有一个较宽的黑色环纹，步足具有短而粗的刺；腹部为近长卵形。雌蛛背甲具有一对角状突起，体长为40～45毫米，雄蛛体长约为雌蛛的1/7。斑络新妇生活在海南山区的树林或灌木丛中，编织复杂的三重网。

👆 斑络新妇

第五册 热带山地雨林与黎苗风情

研学小课题

1. 研究热带雨林的气候特点及其分布区，探究形成热带雨林气候的原因。

2. 比较无纺布和棉纺布的原料植物，探究它们的哪些部位可以做原料。

3. 研究木棉、树棉和草棉，讲述它们的主要区别。

4. 观察槟榔树的环状叶痕，讲述叶痕是怎么形成的，如何根据叶痕来区别槟榔树与椰子树。

5. 比较南方松鼠与北方松鼠的异同。

飞向海南

烟火树

研学小实践

1. 调查热带雨林中的药用植物。

2. 选择一棵大树，测量它的胸径，估测它的高度。

3. 运用定位仪器在地图上确定海南甘什岭省级自然保护区的范围。

研学小思考

1. 探究热带雨林中树木异常高大的原因。

2. 探究应该如何利用和开发热带雨林中的药用植物。

3. 探究应该如何更好地发挥南药的作用。

第五册 热带山地雨林与黎苗风情

第二节

黎家风情

【关键词】 黎村　黎锦　绣面文身

【知识点】 钻木取火　拓沤

研学地点

海南省保亭黎族苗族自治县槟榔谷黎苗文化旅游区

打柴舞

第五册 热带山地雨林与黎苗风情

黎族传统的船形屋

研学背景

保亭黎族苗族自治县（北纬18°23′～18°53′，东经109°21′～109°48′）位于海南岛南部五指山南麓海南甘什岭省级自然保护区内，东西宽49公里，南北长54公里，面积1100多平方公里。位于热带雨林气候区，年平均气温为20.7～24.5℃，年降雨量达1800～2300毫米，负氧离子浓度在8200个/厘米^{3}以上，具有"温而不热、凉而不寒、爽而不燥、润而不潮"的气候特点。

槟榔谷是海南甘什岭省级自然保护区群山中的一条连绵数公里的山间谷地，两侧山上是古木参天、藤蔓交织的茂密热带山地雨林，谷内有上万棵亭亭玉立、婀娜多姿的槟榔树木，面积为5000余亩，构成了古老的甘什黎村和苗寨的天然载体。

黎族和苗族为保亭黎族苗族自治县的世居民族。他们居住在海南中部崇山峻岭之中，崇尚自然，勤劳、淳朴、好客，能歌善舞，创造和传承了黎族苗族文化，赋予了这片神秘的山地热带雨林以无穷无尽的青春活力和原汁原味的民族风情。毫无疑问，槟榔谷里保存着海南岛上黎族和苗族最丰富和最纯正的民俗、民风和民族文化。

海南槟榔谷黎苗文化旅游区被国务院授予"全国民族团结进步模范集体"，成为"海南省中小学生研学旅行实践教育基地"与"德国海德堡大学地理研究所教学实习基地"，获得一系列荣誉称号。这里将成为全国青少年研学实践的优选基地。

第29页

研学知识

海南的少数民族主要聚居在海南中南部地区。黎族、苗族、回族是海南岛的世居民族，成为最早的海岛居民。

在海南岛热带自然环境和独特的历史条件下，这些少数民族与汉族共同谱写了海南岛的悠久历史和多彩文化，并在发展经济和创造文化等方面形成了自己民族的特色。黎族有历史悠久的黎锦及纺织技术、独具特色的船形屋和丰富多彩的民族文化与艺术等。苗族服饰做工精美、色彩庄重，信仰祖先盘王（皇）。海南各族人民在开发海南岛的过程中不断创造出新的成就，谱写出新的历史篇章。

链接 回辉人

据《琼州府志》记载，在宋元时期，为了躲避高棉人入侵带来的灾难，占婆国的先人分批迁来海南定居，成为三亚占族。他们与在三亚经商的阿拉伯商人、波斯商人融合形成了新的民族。他们具有高鼻梁、大眼睛、长睫毛等西域人特征。现今三亚占族人主要居住在三亚凤凰镇的回新村与回辉村，有1万多人。三亚占族人操占语，属于南岛语系－马来波利尼西亚语族，与东南亚占族相近，古时汉人称之为"番语"。

飞向海南

黎族木雕

携手共同钻木取火

1. 黎族钻木取火技艺

　　取火是原始人生活和生存必备的技能。古人根据摩擦生热的原理获得火种。取火木的原料较粗糙，在摩擦时会产生热量，木材是易燃物，摩擦升温达到着火点后就会产生火星，点燃火绒。传说在1万年前，燧人氏在燧明国（今河南商丘）发明了钻木取火。

　　黎族钻木取火具有鲜明的地域特色，工具有钻火板、钻杆或弓木。取火时，他们固定住钻火板，快速搓动钻杆或弓木，将机械能转为热能，当温度达到一定高度时，易燃的有机物质（如火棉、芯绒、芭蕉根纤维、木棉絮等）就会燃烧产生明火。黎族钻木取火技艺已经成为一种"活态"的文化，如今的黎族早已融入现代社会，钻木取火已成古老文明的印迹。

钻木取火

第五册 热带山地雨林与黎苗风情

露天烧制陶器

2. 黎族原始制陶工艺

新石器时代，黎族就在海南岛上生活了。在三亚与陵水发现的带有几何印纹的陶器就是他们当时留下的历史痕迹。黎族原始制陶工艺传承了新石器早期的制陶工艺。原始的制陶工具包括贝壳、竹片、木杵、木臼、木拍、木刮、竹刀、竹筛、钻孔竹棍与竹垫等，制陶过程有挖陶土、晒陶土、粉碎陶土、筛陶土、和泥、制坯、干燥、点火烧陶、取陶、加固等。制陶原料为优质的陶土，细腻、光滑、柔和、绵韧。

制坯和烧陶技艺保留了黎族原始的制陶技艺水平。制坯技术包括捏制、泥条盘筑、快轮制陶、贝壳抛光等。泥片贴筑法、泥条盘筑法、快轮拉坯法等技术至今仍在使用。其中，泥条盘筑具有不用羼和料、制作过程简便实用等特点。烧陶是处在露天烧陶的水准，制成的陶品有釜、甑、瓮、碗、罐、蒸酒器、蒸饭器等。

黎族早期原始的贸易方式主要是以物换物，通常是以陶器来交换稻谷、豆类或鱼干等生活用品。交换时，交易双方要将稻谷等放在陶器里达到平满为度进行交易。此外，陶器还可以用于酿制米酒、蒸米饭、泡药、腌制食品等。按照黎族风俗，制陶工作以妇女为主，"女制陶，男莫近"，家族中的制陶技艺传女不传男。

飞向海南

第32页

链接　泥条盘筑法

泥条盘筑法是制作陶器器皿的一种技法，即在一个平坦的陶土基底上以陶土条逐渐向上盘绕的方法。转动的陶土壁逐层加高，直到达到器壁需要的高度为止，然后用手磨平。原始陶器多是采用泥条盘筑法制作的。

链接　羼和料

羼和料是指新石器时代制造陶器时在陶土中有意加入的砂粒、草末、蚌壳碎末、谷壳和碎陶末等物质。加入的目的是使坯体疏松，烧成时水分易于逸出；降低陶土黏性；防止半成品在干燥或烧制过程中开裂或变形；提高耐热急变性能，避免加热时发生破裂。

3. 骨簪制作

海南白沙等地的黎族人保留着古老的骨雕工艺——骨簪制作，工序包括洗刷去掉骨头上的油脂、截取骨料、制作成型、磨制、钻孔、雕刻、装饰、着色等。骨雕艺术品中有人形骨簪、骑灵兽纹骨簪、骨梳等，主要用作妇女头饰品。它的造型丰富，工艺精巧，是黎族传统文化的重要实物资料。在北方狩猎民族的制骨工艺逐渐消失的时候，海南黎族保留的骨雕工艺弥足珍贵。

陶器

4. 山寨村落

黎族的山寨村庄多坐落在山谷间的小平原、台地或缓坡上，靠近耕地、溪流和小河，方便生产和生活。村落被大树、翠竹环绕，周围还有椰子、槟榔、杧果、波罗蜜、荔枝等各种水果树。

黎族的古老住所是干栏式建筑（即干栏巢居），是以木（竹）柱为底架的两层结构的房屋，下层饲养家禽、牲畜和堆放杂物，上层住人。随着生产力水平的提高，黎族的家禽、家畜已另有专栏安置，不再圈于居住屋的下层。因为干栏屋给生活和出行带来诸多不便，黎族的居所逐步落回地面，被落地式的船形屋代替。

墙壁上挂的干栏稻与大力神造型

第五册　热带山地雨林与黎苗风情

船形屋

黎族传统的房屋是状如船篷的拱形建筑。它的建筑特点是屋盖和墙壁连为一体，以竹木扎架，盖以茅草，故名"船形屋"。船形屋呈长方形，没有窗户，两端开门，门前有小空地，建有楼梯。屋内分成三个部分，类似舱室，之间以小门相通。进前门是厨房、客厅和客房，有三石灶、烘烤架、水缸、陶锅等；中间是主人卧室，放有衣篓等物品；后间略小，用作舂米、养鸡和存放工具等，开后门与外界相通。

三石灶

三石灶是用来烘烤食物与取暖的，可以在灶上用烘烤架烘制稻谷、玉米、鱼肉等。并且，三石灶还可以驱蚊虫，防止房屋腐蚀。海南山区潮湿多雨，因此多蚊虫，在屋内用三石灶熏烟不仅能够驱除蚊虫、除湿祛病，还能够保护竹木结构的屋子不被虫蚁蛀蚀和霉菌腐蚀；同时，该灶还可以保存火种。

黎族传统建筑——船形屋

谷仓

谷仓是古代干栏式建筑的遗存，形式和结构与船形屋相似。谷仓多选在村落外围干燥向阳处，集中或者单独建仓。黎家人收割稻谷时连同稻秆一起割下，晾晒后连秆保存，因此他们的谷仓比较大。谷仓一般长3米，宽2.5米，高3米，底部用石头垫高离地约30厘米；仓壁用木板搭建或用竹篾编成，外侧糊泥成墙；在一端留一小门。仓顶呈圆拱形，由竹竿编成，外侧糊泥，并以茅草做盖顶。谷仓坚固耐用，密封性好，可以防火、防雨、防鼠、防虫、防盗，稻谷存放多年不会变质。

谷仓

隆闺

隆闺是不设灶的小房间，多建在村头、村尾的僻静处。黎家儿女初长成时（十三四岁），便与父母分开单独居住，住进隆闺，便是完成成人礼。隆闺有兄弟隆闺和姐妹隆闺。兄弟隆闺由男孩上山砍木料自己搭建，作为交流、娱乐与待客之用。姐妹隆闺由父母帮助建造，属于女孩独处的闺房。如今，隆闺已经成为青年人学习、生活的场所。

黎家女孩的隆闺

5. 动物图腾

依恋的蛙

在黎族村寨里有很多青蛙造型。青蛙在春天的叫声预示播种季节到了，青蛙在夏季是清除害虫、保护庄稼的能手。在暴雨来临之前，青蛙叫声四起，这些叫声是在传递暴雨即将来临的信息。青蛙具有很强的生殖能力，有多子多福的寓意。这些赋予了青蛙谜一样的色彩、神一样的光环。在古人认知能力还不能理解自然现象的本质、不足以避免某些自然现象造成的危害时，会由于迷茫或恐惧而产生对大自然的崇拜，创造出各种图腾，特别是动物图腾。因此，青蛙成为黎族人民心中能够呼风唤雨、预知节气、保护农田的精灵，是展现黎族人民热爱大自然、崇拜大自然的动物图腾之一。

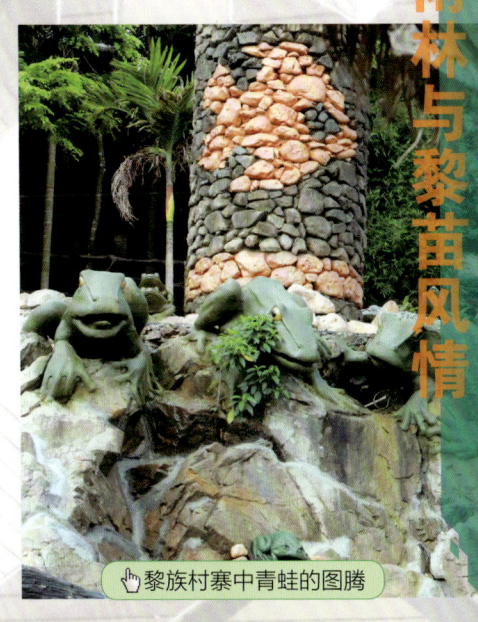

黎族村寨中青蛙的图腾

黎族山寨周围的槟榔树

第五册 热带山地雨林与黎苗风情

第35页

👆黎族织锦——大力神

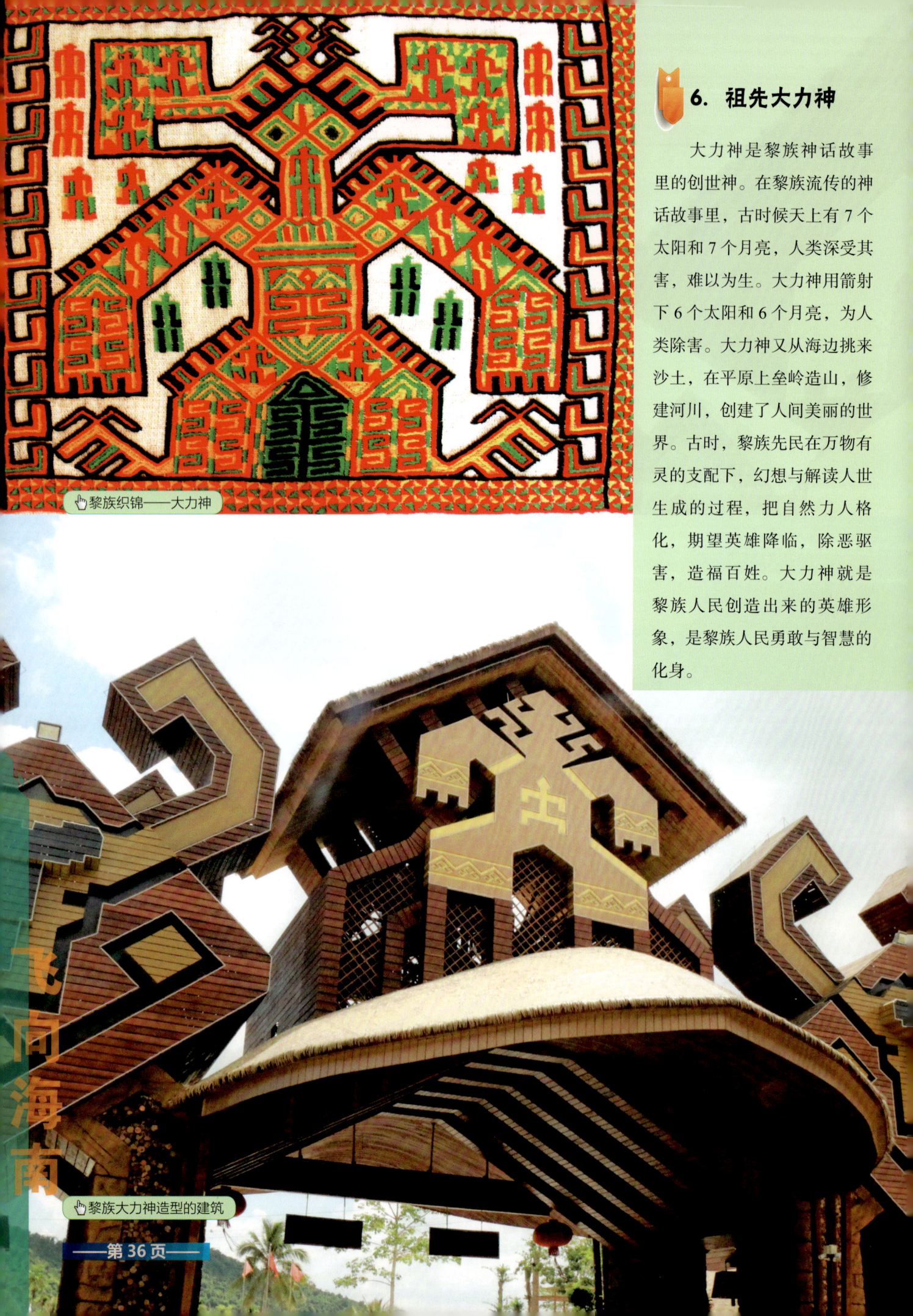

6. 祖先大力神

　　大力神是黎族神话故事里的创世神。在黎族流传的神话故事里，古时候天上有7个太阳和7个月亮，人类深受其害，难以为生。大力神用箭射下6个太阳和6个月亮，为人类除害。大力神又从海边挑来沙土，在平原上垒岭造山，修建河川，创建了人间美丽的世界。古时，黎族先民在万物有灵的支配下，幻想与解读人世生成的过程，把自然力人格化，期望英雄降临，除恶驱害，造福百姓。大力神就是黎族人民创造出来的英雄形象，是黎族人民勇敢与智慧的化身。

👆黎族大力神造型的建筑

第 36 页

山栏稻

7. 砍山栏、牛踩田

　　黎族传统的农耕方式主要是砍山栏、牛踩田和犁耕等。砍山栏就是用砍刀把树木砍倒晒干，焚烧做肥料，待下雨后播种旱稻。砍山栏又称"种山栏"。这种"砍倒烧光"的原始农耕方式就是刀耕火种。这种山地旱稻就是山栏稻。在山栏稻即将成熟时，人们在田里搭个草寮，草寮里挂上两根大木棒，用小木棒打击木棒的不同部位，发出不同声响，这就是砍山栏中的"打叮咚"。它既可以用响声驱赶鸟兽，又可以解除在深山老林中一个人的孤独与寂寞。

　　山栏稻制作的山栏酒是黎家人待客的美物。山栏酒的酿造方法独特，以山栏糯米为主料，蒸熟后放凉，再加上黎族自制的酒饼，放置在垫满芭蕉叶的锥形竹筐内，用芭蕉叶封盖。7天后，酿成的酒水会滴在筐下的坛子里。用这种方法酿造的酒液香甜，黎语称之为"酒滴"。

稻谷丰收

第37页

黎家人喜欢用大坛盛酒，埋到芭蕉树下保存3～5年。一家开坛，举寨飘香。众人以细竹竿插入坛内吸饮，清醇可口、味美甘甜，古人留有"竹竿一吸胜壶觞"的美句。黎家人为客人准备的接风洗尘的迎客酒要分三步饮用。第一步是"腔斧昂"，双方饮酒叙情；第二步是"痹熬"，即喝酒至醉，黎族的风俗是喝酒要一醉方休；第三步是"吞卓丘"，即主宾对唱民歌。

竹筒饭是用山栏稻中的香米配以猪肉等多种原料，放进新鲜的粉竹或山竹锯成的竹筒中，用香蕉叶将筒口堵严，在炭火中烧烤而成。劈开竹筒，米饭被竹膜包裹，散发出竹的清香和米饭的芬芳。黎家人从雨林中采回山药、野菜、野生菌等特色动植物食材，烹调制作成美味佳肴，再配上山栏酒与竹筒饭，就成为黎家人待客的家宴，也是黎家人自己强身、防病、延寿的雨林药膳，健康长寿的饮食保障。

山栏节是黎族美孚方言区域的传统节日，定在每年农历十二月第一个"鸡日"。黎族人民感谢鸡勤报晓，闻鸡起舞，早出晚归，勤劳致富。过节时，家家户户杀猪宰牛（忌杀鸡），舂糯米糍粑，到村头大树下荡秋千，互祝来年山栏稻大丰收。传统的"砍山栏"的农耕方式衍生出黎族人民丰富多彩的山栏文化。

黎家人表演庆丰收

牛系木铃

飞向海南

第五册 热带山地雨林与黎苗风情

链接：黎族的方言

黎族没有自己的文字，根据语言和文化特征大致划分为五种方言——哈方言、杞方言、赛方言、润方言、美孚方言。在海南岛，由于黎族使用不同方言的族群所居住的地域不同，其所处的生活环境也有所不同。他们除了彼此在五大方言的语言与语调上有差异，而且在服装服饰、饮食习惯、风土人情、民歌绘画、文化习俗等方面都存在一定差异，呈现出民族多元化的特征。黎族族群从语言到习俗到文化的差异性是用五大方言来概括与区分。因此，在海南岛涉及五大方言时，"方言"一词包含了语言、居住地、服装、习俗等多方面的内涵。

8. 槟榔瑰宝

槟榔树是根植热带雨林、情系黎家百姓的重要植物。

槟榔景观

在甘什岭热带雨林的山谷里，成片槟榔树聚集成茂密森林。以青山绿水为背景，以蓝天白云为帷幕，一棵棵槟榔树挺拔秀丽；树端大型羽状复叶恰似凤凰展开的美丽翅膀和飘逸的长尾，随风翩翩起舞。槟榔树遮阴避阳，槟榔树下的黎族人家住着船形屋，种稻织布，世世代代感受着大自然的恩泽。槟榔树和椰子树都是棕榈科植物，椰子代表海南，槟榔则代表黎家。两者犹如亲姐妹，携手护卫槟榔谷，共同构建甘什岭山地雨林的美丽风光。

槟榔嗜好

黎家人好嚼槟榔，是他们悠闲时的一种享受。[1]黎家人家中多备有槟榔盒，盛有槟榔片、蒌叶和螺灰。老年人随身带着的小袋子也用于装槟榔。无论是日常生活，还是出门访友，黎家人都喜爱咀嚼槟榔。黎家人生吃槟榔时，是将嫩小的青槟榔切成小片，配上一撮螺灰，用一片蒌叶卷起来咀嚼出红色液体。干吃槟榔时，黎家人是将成熟的槟榔果蒸熟后切成四片，吊起来晾干，以备慢慢享用。此外，湖南人喜欢去掉槟榔壳，食用槟榔干果。

---

[1] 近年来的医学研究表明，长期咀嚼槟榔对口腔健康具有极大的危害。2019年2月，国家卫生健康委员会发布了《健康口腔行动方案（2019—2025年）》，并在有咀嚼槟榔习惯的地区有针对性地开展了相关宣传教育和口腔健康检查。2020年，国家市场监督管理总局修订的《食品生产许可分类目录》，未将"食用槟榔"收录在内，但是槟榔被《中华人民共和国药典》收入，作为药材使用。

槟榔丰收

槟榔药材

槟榔是名贵药材，位居"四大南药"之首。"四大南药"——槟榔、益智、砂仁、巴戟天主产均在海南岛，产量占全国的90%以上。槟榔含有20多种微量元素，多数为人体所必需。槟榔的种子含有槟榔碱等多种化学成分。自古以来，槟榔就是军中驱除瘴疠的药品，为朝廷贡品。槟榔具有下气、化湿、消食、破积、杀虫、御瘴疠等功效。

槟榔树下的青年人

槟榔信物

槟榔是黎家人的信物。"槟"字从宾，"榔"字从郎。所以槟榔又称"宾郎"。宾与郎皆为贵客。黎家人逢年过节、喜庆之时，或者有贵客来访时，主人都会将槟榔敬献给客人，以表达尊敬之意。并且，槟榔还是黎家人走亲访友的上等礼物，没有槟榔不成礼，没有槟榔难成婚。即使邻里乡间人与人之间有了误解和纠纷，也还是要靠槟榔来化解，送上槟榔以示诚意，握手言和。

宾郎又含"女宾于郎"之义。因此，槟榔成为黎族青年男女爱情的象征，是他们的见面之礼、订婚之礼、求婚的聘礼。槟榔成为黎家人的爱情信物，没有槟榔不成婚。结婚时，新郎、新娘要向父母和亲朋好友敬献槟榔。因为槟榔盛产种子，象征多子多福，新婚祝福时，黎家人还是送槟榔。等到婚后女儿出生，黎家人还要种下一棵槟榔树。槟榔寄托着黎家人对幸福爱情、美满婚姻与和睦家庭，以及睦邻友好的所有愿望。槟榔已经成为海南黎族人的生活元素和文化符号。

飞向海南

9. 黎族服饰

黎族服装经历了数千年的发展变化，从兽皮、树皮布、麻纺布到棉纺布，形成了绚丽多彩的民族服饰，成为区分不同血缘族群和方言部落等群体的标志。

制布

树皮布

树皮布属于无纺布，是人类进化过程中的重要发明。从利用兽皮遮身取暖发展到利用植物来保护身体，黎族人首创了树皮布。黎族人制作树皮布大约有4000年的历史。以树皮作为原料来制布，需要经过选树、扒树皮、修整形状、浸泡以脱胶、漂洗和晒干，最后拍打成为树皮布等一系列技术处理。制成的树皮布再通过裁剪、缝制，就可以制作成上衣、裙子、帽子、被子等遮身挡寒的生活用品。制作树皮布的植物有见血封喉树、构树、厚皮树等。

麻纺布

麻纺布是利用植物麻纤维来纺织麻布，工艺比树皮布先进，原料通常选用大麻和苎麻。苎麻是荨麻科多年生植物，茎皮里所含纤维量可达78%，单纤维平均长60厘米，强度为52克，制作成的麻纺织品洁白精细。苎麻以其纤维细长坚韧、平滑具丝光、质轻拉力强、染色不易褪色等优良特性而成为上等麻纺织原料。海南岛上苎麻资源丰富，是黎家人首选的麻纺布原料。

除了苎麻，黎家人还充分利用了各种野生麻类植物，如火索麻（火麻、大麻）、楮子麻、羊蹄藤等富含麻纤维的植物。火麻属于桑科一年生草本植物，茎皮纤维量可达70%，单纤维长15～25厘米，强度为42克，也是适用于麻纺织的良好资源。

树皮布

树皮衣

第五册 热带山地雨林与黎苗风情

第41页

▲ 黎族阿妈教绕线　　▲ 纺线

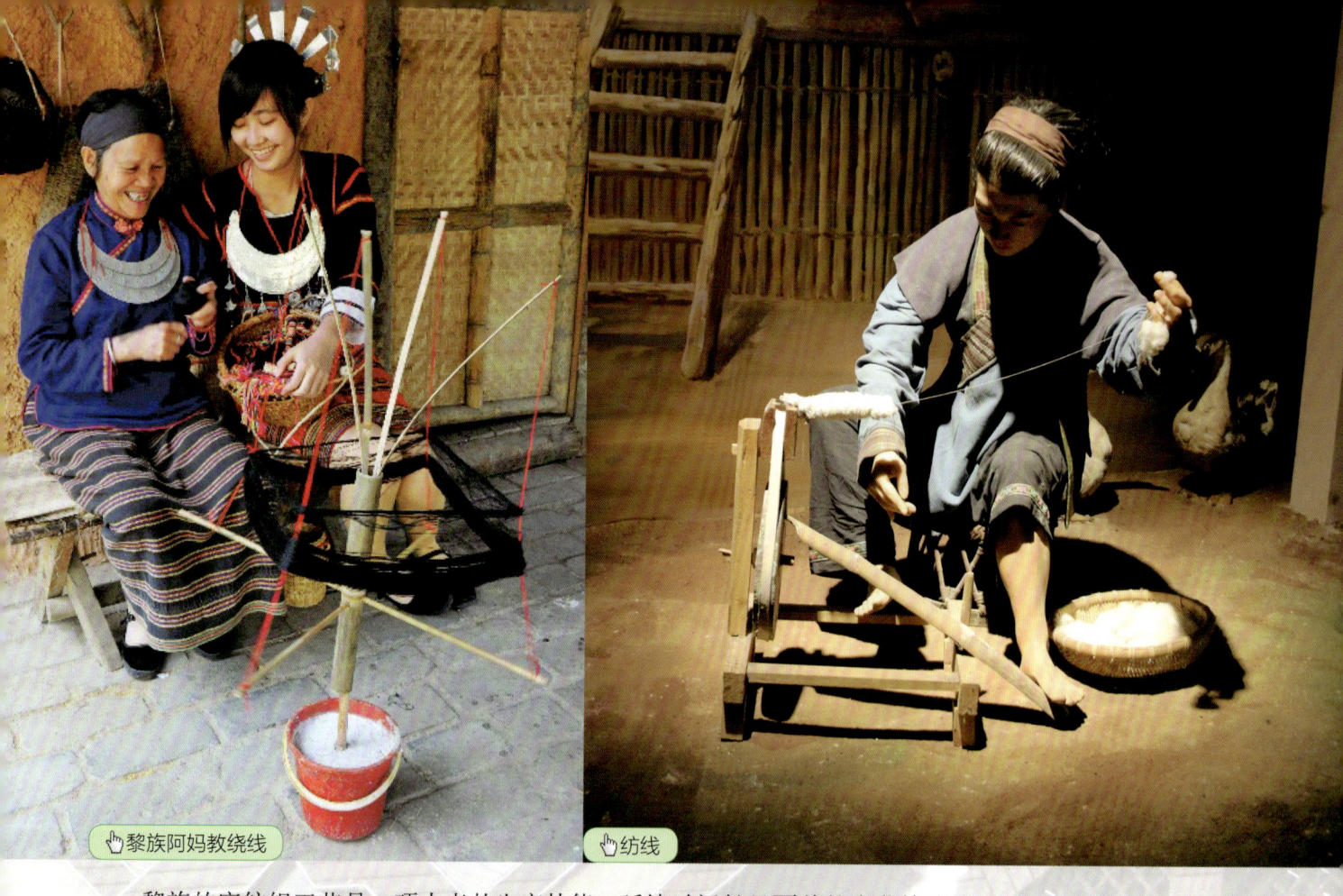

黎族的麻纺织工艺是一项古老的生产技能，延续时间长且覆盖整个黎族聚居地区。这项技术完全是原生态的，原料是野麻，采用手工制作，织出的图案以大自然为蓝本，传承方式具有母女、姐妹相传的母系社会特征。黎族的麻纺织技术和纺织品成为黎族文化的历史珍品。

棉纺布

木棉　木棉树高大挺拔，先于绿叶绽放满树火红艳丽的英雄花，之后结出蒴果，绽开后露出雪白的大团棉絮。大自然从来就是无私馈赠于世人恩泽。黎家人采取白絮，以手足纫线，织为布，做衣衾。木棉纤维天然超细、超轻、光洁、抗菌、防霉，高度中空，因而非常保暖，被誉为植物软黄金。黎家人的木棉挑织提花技艺创造了木棉纺织精品，成为黎族纺织最高水平的代表。古代，海南就盛行一种被称为"吉贝布""崖州被"的特色花布，是中国最早的棉纺织品，是黎族人民采用木棉蒴果内种子上的木棉纤维制作而成的。因为木棉又名吉贝，故命名吉贝布。

▲ 黎锦织锦传承

飞向海南

▲ 黎族女孩学习纺织技能

棉花 在宋代之前，汉字中的"绵"字是丝加帛，属于丝绸类。"棉"字，是木加帛，说明棉来自植物。棉花是从海陆两个方向传入我国的，成为最好的纺织纤维原料，"不茧而絮，不麻而布"。棉属主要有四个栽培品种：草棉、亚洲棉、陆地棉和海岛棉。草棉，又称非洲棉，原产于非洲南部，分布于亚洲和非洲，后来几乎绝迹。亚洲棉，又称中棉，是栽培和传播最早的棉种，俗称粗绒棉，在我国早已被陆地棉所取代。陆地棉已经成为我国各地棉区的主要棉种。海岛棉，属于长绒棉，纤维强力高，丝光色泽，是高档和特种纺织品的原料。

古时中国南方各地的棉花是由原产地南美洲、印度等地通过海路经海南岛等地传入的。宋朝以前，黎族人的棉纺织技术远远领先于中原汉族。元朝时，黄道婆将黎族的纺纱、织布等技术传到内地，推动了长江下游棉纺业的发展，掀起了持续数百年的"棉花革命"，使棉纺织品取代麻纺织品成为生活必需品，黄道婆也成为中国纺织业的始祖。

链接　黄道婆

　　黄道婆是宋末元初的棉纺织家和纺织技术革新家。南宋末年，黄道婆出生于松江府乌泥泾镇（今上海华泾镇）。年幼时随商船来到海南岛，住在三亚崖州水南村40多年，虚心学习黎族纺织技术，总结出"错纱、配色、综线、挈花"的织造技术。元朝元贞年间（1295～1297年）黄道婆返回故乡。聪明的黄道婆把黎族和汉族的纺织技术结合起来，改进了纺织工序和工艺，创造出捍、弹、纺、织等专用纺织机具。黄道婆对棉纺织业的贡献有三个方面：一是传授纺织技艺，二是革新棉纺织工具，三是推广棉花种植。她极大地推动了长江流域棉纺织业和棉花种植业的迅猛发展。后人把她誉为"衣被天下"的"女纺织技术家"，为她建祠祭祀，尊奉她为"织女星""先棉神"。黄道婆以其杰出贡献，被载入我国纺织业史册。

▲ 黄道婆雕塑

传统服饰

黎族妇女的传统服饰有上衣、下裙和头巾。黎族男子的传统服饰有上衣、腰布和红头巾，此外还有花帽、花带、胸挂、围腰、挂包等各种配饰。服饰色彩多以棕色和黑色为基本色调，青、红、白、蓝、黄等色相间，搭配精巧。图案丰富多彩，有奇花异草、飞禽走兽、各种人物。黎族各方言区以不同的服饰为族群的标志，包括哈方言、杞方言、润方言、赛方言和美孚方言五种。白沙一带润方言区的黎族少女的筒裙最短。筒裙绚丽多彩，镶嵌云母片、贝壳片、银片、琉璃珠等精美配饰，独具黎族风格。

👆 黎族表演——阿婆织黎锦

👆 黎族陵水赛方言的服饰

👆 黎族乐东哈方言的服饰

👆 黎族美孚方言的女童服饰

第五册 热带山地雨林与黎苗风情

黎族织锦

黎族织锦在我国已有3000多年的历史了，早于中原地区1000多年。春秋战国时期的史书上称黎锦为"吉贝布"，源自木棉的名字"吉贝"。海南岛因黎锦而成为中国棉纺织业的发祥地。黎锦质地轻软，制作精细，图案生动，色彩绚丽，经久耐用，享有盛名。黎锦的品质之优在中原地区是无可比拟的。"黎锦光辉艳若云"，就是古人对黎锦的由衷赞美。

黎族织锦属于传统手工技艺，包括纺、染、织、绣四大工序。原始纺纱是用轧棉机去棉籽，把木棉棉花、海岛棉棉花或麻等纤维捻接成线，缠绕到手捻纺轮上，即把棉花脱籽、抽纱，把纱绕成锭。传统染料有植物、动物和矿物三种，多以野生植物为主，矿物为辅，将纱线染成黑、蓝、青、黄、红等颜色。织布主要采用踞腰织机，简称为腰机，简单轻巧，容易操作。刺绣是在纺织好的布上绣上图案花纹，有单面绣和双面绣两种。绣的针法有直针、挑针、扭针、珠针、铺针、切针等。刺绣可根据针法、绣法和面料分为三个层次，把绣法、色彩、图案三者结合为一体。

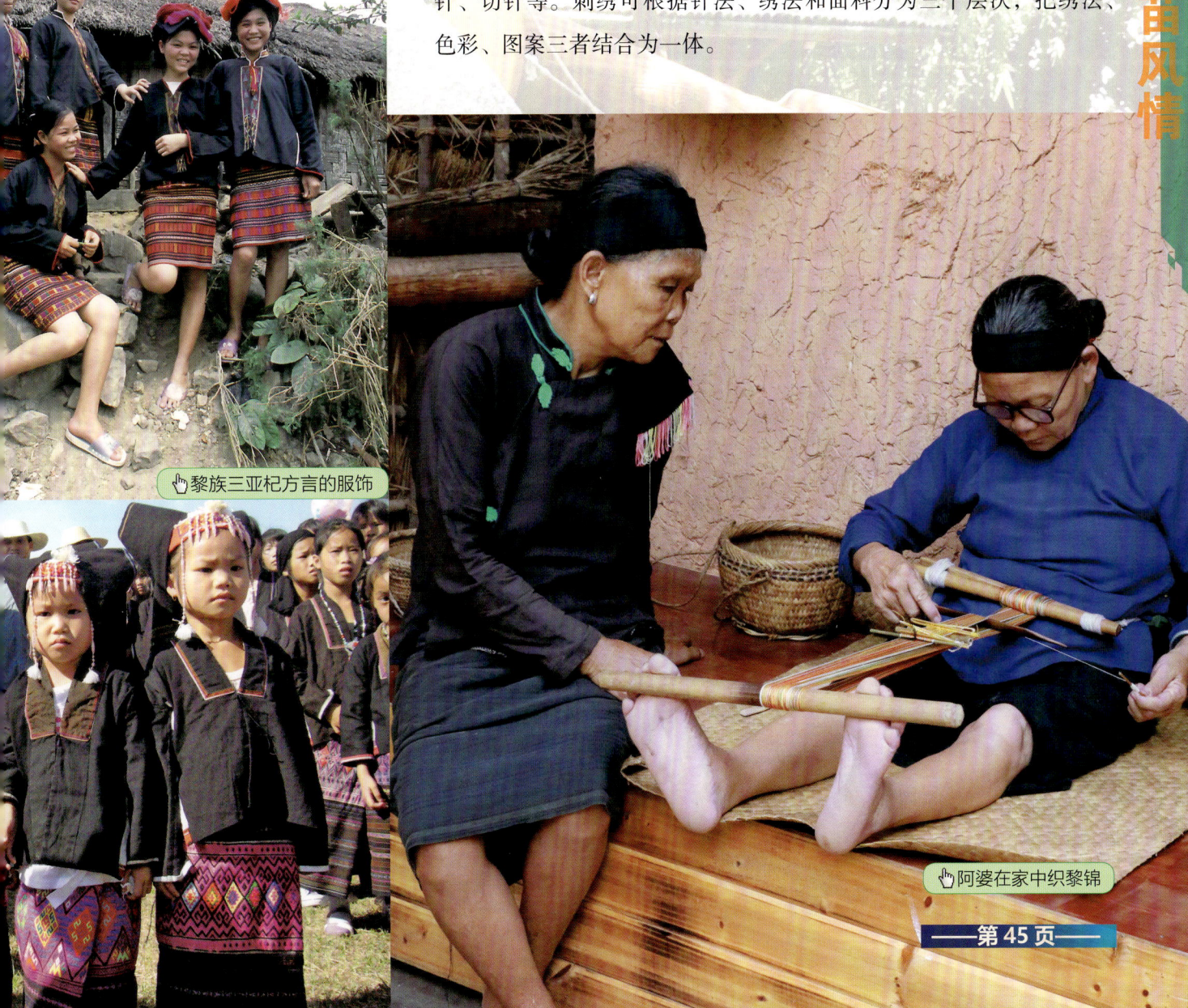

👆 黎族三亚杞方言的服饰

👆 阿婆在家中织黎锦

第45页

织锦图案——牛头

　　黎锦是以棉线为主，以麻线、丝线和金银线为辅，分别作为经线和纬线，相互交织而成。东方、昌江地区的黎族创造了扎染与织造相结合的织锦工艺。经线多采用扎染（古称绞缬染），在一个扎线架上编好经线，然后用纱线在经线上扎结，染色后拆去纱线，即出现蓝底白花的图案，再织进彩色纬线。

　　织锦图案有100多种，体现了大自然的风貌，黎族人民的生产生活、爱情婚姻、宗教信仰、民俗民风、文化艺术等，展现了人世间吉祥和美好的物象。织锦图案可分为人形纹、动物纹、植物纹、几何纹，以及反映自然现象、日常生活、生产用具和文字符号等的多种纹饰。

　　人形纹图案包括展现放牧、丰收、舞蹈、婚礼、人丁兴旺、吉祥平安等的图案，寄寓了人们对美满生活、幸福婚姻、子孙满堂及追求美好生活的强烈愿望。黎族妇女通过夸张和变形的工艺手法，把黎族的生活、生产场景反映在织物上，最有代表性的是将婚礼中的送彩礼、送亲、迎亲和拜堂等场景编织在筒裙上，描绘出新郎、新娘和宾客欢庆的热烈场面。

织锦图案——丰收

动物纹图案中有龙凤、水牛、水鹿、青蛙、鱼虾、鸽子、蜜蜂、蝴蝶等，又以龙纹、青蛙纹最常见。黎族人把龙纹作为高贵、吉祥、幸福和美好的象征。青蛙纹图案有勤劳、母爱和多子多福的寓意。青蛙纹以田字形纹样为主体，中间有四只抽象的青蛙，显示青蛙在田间生活的特征，还有的图案把青蛙前腿省略，后脚加长，显示出青蛙跳跃的姿态。

植物纹图案有木棉花、龙骨花、竹叶花等花卉，以及藤、树、花、草等类型。黎族妇女普遍喜欢用木棉纹样作为织锦纹样，以木棉树为主，有根、分枝，分枝下有钥匙纹（又称"任意花"），还有花和绿叶，象征根深叶茂，家庭美满幸福。自然现象的纹样图案有日月星辰、雷电水火等，表现出对大自然的崇拜和热爱。

织锦图案——婚礼

反映日常生活、生产用具的纹样图案有农耕、纺织、玩球、扁担、禾叉等，是黎族妇女对生活观察、理解和创作出来的图案。黎族有语言，但是没有文字。受到汉族文化的影响，黎锦图案中常采用汉字符号，有"福""禄""寿""喜""卍"字等纹样，表达了黎家人对幸福生活的追求和希望健康长寿的美好愿望。

黎族织锦艺术显现了黎族妇女的创造才能和艺术造诣。每一件黎锦都凝聚了她们的心血和智慧。每当节日聚会或是参加婚礼，姑娘们总要穿上美丽的服装，展示黎锦的华丽和织绣技艺。技艺超群出众者，被称为"织绣能手"，赢得赞美和尊敬，甚至得到青年男子的钦佩目光和求爱歌声。当相恋情侣定情之时，姑娘总是把自己织的最满意的花带或者手巾送给"帕曼"（黎语：男青年），表示对爱情忠贞不渝。精美珍贵的黎锦不仅是制作者智慧和高超技艺的结晶，而且是黎族姑娘的爱情纽带、未来幸福生活的寄托。

第47页

龙被

龙被在黎语中被称作"番龙",意思是大被子。史书上称之为"崖州被""广幅布"。龙被是黎锦中图案典雅、色彩鲜艳、艺术价值最高的珍品,也是制作工艺难度最大的精品。龙被是黎族人向历代朝廷进贡的珍品。明代中期以前,龙被图案展现的主要是黎族传统文化,之后受汉文化影响,融入了不少汉文化的元素。现在传承下来的龙被多是清朝时期的藏品。

龙被多被用于红白喜事和宗教活动。龙被一般由三幅缝合而成,四幅与五幅的较罕见。图案纹饰有动物植物、日月星辰、文字等。红底龙被多被用于红事,如结婚拜堂、祝寿、建房上梁等。黑底龙被则被用于祭祖,拜神灵,祈求风调雨顺、五谷丰登,以及白事。龙被因黎族方言和居住地区的不同而产生各异的艺术风格和地域特色,成为研究黎族文化演进的不可多得的实物资料。随着掌握此项技艺的黎族女性年事已高,且缺少传承,龙被终将成为博物馆里的藏品。

红底龙被

黑底龙被

链接　绣面文身

文身（tattoo）是用带有墨汁的针刺入皮肤底层，在皮肤上形成图案或文字等花纹。在中国古代典籍中出现过文身、镂身、扎青、点青、雕青等文字及有关的故事，如岳母刺字、《水浒传》中花和尚鲁智深的文身等。

文身在文化层面上呈现两极发展——刑罚与艺术。作为后者，文身留给人的是皮肤上永恒纪念的图画，是一种疼痛的美丽，取悦自己与他人，表达美好、吉祥和崇拜。文身是性感、魅力和神秘的象征，是文化和信仰相融合的产物。

黎语称文身为"拓沤"，意为"刺纹"。在旧时代，黎族女孩在12岁开始文身，可以延至25岁。宋代赵汝适在《诸蕃志》中记载：黎族"女及笄即黥颊"。黎族文身的部位包括面、胸、手臂和腿。刺面纹一般从嘴唇上方至左右眼的眼尾对称地刺两条平行斜线，再从嘴唇上方至左右耳根刺两条平行横线，形成锐角形图案。胸纹多是从面部顺着颈部延伸下来止于两乳之上或之间。手纹分手指背和手掌背纹两种。大腿纹颇像文字，小腿纹有绷带形、砖墙形、篱笆形、插秧形等。臂纹有简有繁。简者，只在手腕的背面刺一个粗横纹；繁者，在臂膀刺上复杂的蝎类纹。随着社会的发展，黎族人文身的习俗随着老一代人的故去而渐渐消失。时过境迁，黎族文身绣面已成为历史的记忆。

第五册　热带山地雨林与黎苗风情

黎族妇女在脸上与腿上文身

链接 《黎族文身新探》

润方言的黎族妇女在脸部、颈部、胸和背上部及四肢等部位文身，且以线条绘画出各种吉祥图案。

美孚方言的黎族妇女主要在颈部和胸上部文身，在脸部两侧及下巴处图案少，以点为主勾画出图案，四肢部位以点与线相结合勾画出图案。

哈方言的黎族妇女在脸部两侧及下巴处用简单线条勾画出图案。有的妇女的颈部和胸上部也有文身，也是用简单线条勾画的。四肢用圆圈代替线条绘出简单图案。

杞方言的黎族妇女主要在脸部两侧用四笔线条点缀出极简单的图案。

文身工具

鼻箫演奏

飞向海南

第50页

研学小课题

1. 简述露天烧陶与入窑烧陶的异同及其意义。

2. 简述黎族制布的发展过程，探究其科学内涵。

3. 简述龙被在黎锦中的地位和价值。

研学小实践

1. 亲自动手钻木取火。

2. 绘制船形屋的结构图。

3. 绘制一种黎锦的图案，简述其所代表的意义。

研学小思考

1. 思考山栏文化的现代价值。

2. 思考槟榔文化的现代价值。

3. 思考图腾在社会发展过程中的作用与价值。

第五册 热带山地雨林与黎苗风情

第51页

第三节

苗寨风光

【关键词】 婚俗　信仰　服饰　三月三节
【知识点】 洋戈　五色饭（三色饭）　蜡染

研学地点

海南省保亭黎族苗族自治县槟榔谷

研学背景

世居在海南甘什岭省级自然保护区槟榔谷中的苗族人在崇山峻岭之中勤劳耕作、勤俭朴实、热情好客，开创了苗家天地。苗家山寨和黎族村庄上下衔接，浑然一体。苗家人在这片山地热带雨林中休养生息，世代传承着充满活力的民族风情。槟榔谷里保存着海南岛上黎族和苗族的原汁原味的民俗、民风和民族文化。

第五册 热带山地雨林与黎苗风情

山地雨林中的村寨

第53页

研学知识

　　苗族是海南少数民族人口数量居第二位的民族。海南苗族自称"金门"或"金第门","苗"是他称。苗族有本民族的语言,但是没有文字。海南全岛的苗族语言统一,不存在方言差异。海南苗语属于汉藏语系苗瑶语族中的瑶语支。

　　苗族与黎族拥有共同的祖先,即东部与南部蚩尤各氏族部落。由于被黄帝、尧、舜、禹及各个朝代的兼并与驱赶,苗族被迫向南方、西南方迁移,躲避于深山老林。苗族迁移至海南岛始于明代嘉靖与万历年间,算来至今也有400多年历史了。当时从广西调防来海南岛戍边的苗族士兵撤防后留了下来,历经数代,成为现在海南岛上的苗族人,后来也有陆续移居过来的苗族人。

苗家山寨寨口

第五册 热带山地雨林与黎苗风情

身着传统服装的苗家少女

苗家少女讲解员

清光绪年间的《崖州志》记载，当时海南苗族仅数百家，深居山里。他们的辫发衣履与山外居民相近。由于山中缺少平地，苗族人就伐岭为园，刀耕火种，种植山栏稻，一年一徙，岭茂复归。苗族人善制药，用弩猎物，偶尔会出山入市交易。

苗族主要分布在海南岛中南部山区的琼中、保亭、乐东等县，以农耕为主，种植山栏稻，偶有经商。他们多住在长方形的房屋里，房屋具有金字形的屋顶，四周用木条和竹篾扎成墙，外面糊上泥巴，以茅草盖顶，一般两边开门，屋内隔成三个房间，中房做客厅，两边做卧室。现在苗族人也逐渐住进了砖瓦房。

1. 洋戈

历史上，苗族村寨实行"村老"和"山甲"制度。"村老"在苗语中称"洋戈"，是苗寨首领，深受人们尊敬。每个苗寨不管有多少个姓氏与家族，都要推举村寨里最有威望的长者担任"村老"。一般在农历六月初六（即神农节）举办推选"村老"的活动，采取公选程序。"村老"能够讲黎语和汉语，认识汉字。他秉公办事，具有号召力和生产经验，负责处理村寨的内外事务、维持秩序、调解纠纷等。清末，政府为了加强统治，委任"村老"的官职就是"山甲"。国民党时期推行保甲制度，委任"村老"以乡长、保长、甲长等职。

2. 崇拜

海南苗族的崇拜属于原始崇拜，主要有祖先崇拜、自然崇拜和神灵崇拜。敬奉盘王（皇）为始祖，信奉大自然中的山鬼、水鬼、海龙王、土地公、灶王公等。海南苗族基本上鬼神不分，每次砍山、狩猎都要祭告山鬼保佑，每年二月初二和六月初六都做粽子祭奠。海南苗族在上山生产、狩猎或出门远行前一般会举办一种重要的预兆仪式——鸡卜，以祈求平安。这是苗族世代流传下来的特有习俗。鸡卜分为全村集体行为或家庭内部行为，鸡卜可以自己做，也可以请道公来做。

苗家信奉的盘皇相

3. 婚俗

苗族实行一夫一妻制。苗族内部通婚有限制，即同姓、有相同血缘关系的禁婚。苗族可以和汉族与黎族通婚。虽然婚姻由父母做主，但父母也会征求子女的意见。同时，苗族男女之间要通过对歌来确定恋爱关系。

苗族婚姻一般有四种形式：一是男娶女嫁；二是招郎入赘；三是"做郎换"，即男方入赘女方家，几年后再带妻子回男方家居住；四是"做娘换"，即女方嫁到男方家，几年后再带丈夫回娘家居住。

苗族青年的婚恋要有歌恋、提亲、订婚、迎亲、拜堂、送亲等步骤。

歌恋

歌恋是年轻人之间自由恋爱的一种方式，通过对歌了解对方，促进交流。每逢节假日，特别是三月三节，青年男女在槟榔树下、杧果林中、小河溪边、山坡草地上对歌，表达自己的理想和心愿、抒发情感，寻求意中人。随后，小伙子拿起弓箭、鱼叉到河溪里抓鱼，姑娘们在溪边烤竹筒饭和煮鱼，直到太阳落山才散去。晚上，小伙子到相中的姑娘的"隆闺"（女青年自住茅房）外唱开门歌，用树叶吹出婉转动听的曲调。如果姑娘不唱闭门歌，她就会开门出来与小伙子到草地上或竹林里点燃篝火，对歌与跳舞，互诉爱慕之情。

姑娘在听到小伙子的求爱后，便会羞答答地拉起小伙子的手咬一口。如果姑娘咬得很轻且很有礼貌，小伙子便明白姑娘是表示拒绝或暗示已经有了意中人；如果姑娘咬得很重甚至咬出血印，则表示姑娘也倾心于他，接受小伙子的求爱。"伸手给哥咬个印，越咬越见妹情深，青山不老存痕迹，见那牙痕如见人。"这首歌谣中的"咬手"就是海南苗族青年表达爱情的一种独特方式。"咬手"定情后，男女双方便拿出各自最心爱的手信，如戒指、耳环、竹笠、腰篓之类的礼品，互相赠送，作为定情物，以示终生相伴。

第五册 热带山地雨林与黎苗风情

送亲路上的苗家伴娘

送亲路上的苗家新娘

第57页

提亲

对歌建立感情之后，男子在取得父母同意后，便请媒公（相当于新婚夫妇的干爹，负责教导新郎新娘，解决婚后生活纠纷）去女方家提亲。媒人第一次上门只带2片烟叶，用红线捆扎上2个铜钱，说明来意。如果女方同意，就把礼物收下；反之，烟叶会被退回。女方一旦同意，媒公便询问姑娘及其父母的生辰八字，带回男方家推算是否"合命"，如果相合，便可订婚。

订婚

男女订婚时，男方委托媒公带上聘金交给女方父母。女方接受聘金，订婚就算完成，双方遵守婚约，不得反悔。

迎亲

在结婚喜庆之日，新郎在媒公、郎老（迎亲时的带路人，负责对歌）、郎小（伴郎）、回路儿（两位未婚女子，负责护送新娘"三回门"的人）、主人（护郎）等陪同下组成迎亲队伍，前往女方村寨接亲。女方村中善于对歌的妇女拦路对唱。姑娘、小孩此时会拧捏新郎、伴郎，场面热闹又滑稽。新郎始终不能开口发笑或说话。闹场结束，新郎才能进村到新娘家指定接待的人家，由主人杀鸡宰羊招待新郎等众人。吃完饭，新郎在媒公带领下走进新娘家完婚。

苗族婚礼男方送给女方的山栏稻和猪腿

拜堂

拜堂仪式由媒公主持，新婚夫妇喝交杯酒、吃交碗饭，村中亲友贺婚。次日，新娘家人设婚宴招待宾客，新郎新娘向宾客敬献槟榔。

送亲

在女方家的婚宴结束后，女方家要将新郎新娘送到男方家。当送亲队伍离开女方村子时，村里男青年用竹竿挡住门口"拦亲"与"逗娘"。当送亲队伍到达男方村子时同样会被"拦亲"与对歌，直至女方认输，方能进入新郎家。新郎新娘入洞房后，伴娘就与村子里的青年对歌，直至天亮，俗称"坐夜"。次日，新娘与新郎又一起回到新娘家。自此以后，新婚夫妇可以回夫家定居，或者新郎入赘女家。

4. 节日与五色饭

苗族过新年与汉族过春节有些相似。农历十二月下旬，苗族家家舂糯米，买年货，准备过年。出嫁女子也随同丈夫回娘家，到正月初七才能回到夫家。

每年的三月三节，苗族同胞盛装欢庆，家家户户制作五色饭，纪念苗族先民的五姓人家。五色饭，又叫青粳饭或花米饭，因糯米饭呈现黑、红、黄、紫、白五种颜色而得名。

（1）制作黑色糯米：取枫叶及其嫩茎的皮捣烂，风干、浸泡、过滤，获得黑色染料液汁。黑染料汁要加水煮后，才可把糯米浸入其中。

（2）制作黄色糯米：用黄花汁煮沸或将栀子捣碎浸泡于水中得到的黄色染料液汁浸泡糯米，或用黄姜捣烂后与糯米拌匀用力搓，可得到黄色糯米。

（3）制作红色和紫色糯米：红染料、紫染料是用同一品种而叶形不同的红蓝草经水煮而成的。叶片稍长、颜色稍深的红蓝草煮出来的水的颜色较重，泡出来的米即呈紫色；叶片较圆、颜色较浅的红蓝草煮出来的水的颜色较浅，泡出来的米即呈鲜红色。

（4）把糯米浸泡在四种不同颜色的液汁里上色后，再加上白色的糯米，放入蒸笼中蒸熟，便可得到五色饭。

五色饭色彩鲜艳，清香可口，是苗族人的美食，同时也具有药用价值。红蓝草有生血的作用，清代《侣山堂类辩》曰："红花色赤多汁，生血行血之品。"栀子等有清热、凉血的功效。李时珍在《本草纲目》里说到，枫叶"止泄益睡，强筋益气力，久服轻身长年"，用枫叶煮成的饭能够坚筋骨、益肠胃、补骨髓。

如今由五色饭衍生出来三色饭有红、黄、黑三色，是用山栏糯米、新鲜红葵、三角枫、黄姜等原材料制作而成的。

苗族人家都懂得酿酒，自家有酿酒工具。苗族男子喜欢饮酒，但是平时饮用较少，逢年过节或招待客人时才会畅饮。苗族人通常不劝酒，以亲朋好友能喝得尽兴为好。

三色饭

三色饭

5. 染布、蜡染、织布与绣花

古老的蓝靛染布和独特的蜡染民间手工技艺制成的青白相衬的花纹图案是海南苗族重要的文化元素。

蓝草是用来染布的主要原料植物，分藤种和籽种两种。制作染料时，先将蓝草的茎叶浸于缸中一昼夜，促使靛质分解，并溶于水中，呈现绿色，然后将蓝草连叶取出。在蓝靛液中加入适量石灰，用木棒搅拌液体直至泛起泡沫，不断将石灰与水调匀，加强其分解靛质的能力。四五天后，靛质经石灰分解下沉，呈深蓝色胶状，即可将清水隔出，即获得染布用的蓝胶。染布时要把蓝胶和配料按比例配好。染成的蓝靛布料制成的衣服色彩素雅，且经久不褪色。

蜡染的工具是蜡刀，是用削好的竹片折成V字形的点蜡工具。蜂蜡加热熔化后，用蜡刀蘸蜡液在白布上精心绘制图案（如青山、松树、鸟兽等），待蜂蜡凝固在布上再浸入蓝靛缸染色。染色完成后取出，用热水或水煮脱蜡，再漂洗，就得到蓝底白花的蜡染图案。苗族姑娘从小学习"点蜡花"，待到成人时就熟练掌握了蜡染技艺。蜡染布用于制作衣裙、手帕、帽巾、围腰、被面、床单等。蜡染布的图案多取材于大自然，花鸟鱼虫、河流山川、田园风光，以及大自然所赋予的灵感，构成丰富多彩的美丽图案。

蜡染布

染布——点蜡花

晾晒蜡染布

织机是苗家女自制的一种原始的纺纱织布的手工工具。台架前端是纺具、纺线，后面坐人，织机正中顶部有摇动式活动杆，其下有固定杆，杆下有线箱，后侧有两排插条，每排各有9条纺线，纺线一直拉到织机框架前面的终端。终端左侧有织布刀，底下有捆线，以便纺织时能够交错分线。

心灵手巧的海南苗族妇女擅长绣花技艺，用各色纱线在头巾、腰带和衣襟上绣出花纹与图案，以鸡、马、蝶、树、花等动植物为原型，辅以几何图案及"卍"字、"十"字等。纱线的颜色和搭配多以蓝底白花的鲜明对比为主调，配以枣红、金黄、深绿、淡紫等颜色，整体构图和谐淡雅。

第五册　热带山地雨林与黎苗风情

刺绣

织布

成人服饰

6. 服饰

　　海南苗族男女的服饰以靛蓝为主色，织绣工艺讲究，花纹丰富，色彩艳丽。男子上穿无领、右开襟上衣，下穿长裤。现在苗族男子的服饰已基本汉化。苗族妇女上身穿无领、右开襟、长及膝的青色上衣，腰间系红花腰带，下穿蜡染短裙，两侧有叠缝；小腿上裹绑腿布，绑腿布缠绕于小腿上，再用彩带结成菱形将绑腿布绑紧，彩带头的红色彩丝团垂飘于小腿之上，恰似一团火球，与上装搭配美丽和谐。

　　苗族妇女头顶束发。她们头上装饰主要有两种：一种是黑布尖顶帽，帽底下有垫头，垫头上绣有精美别致的花纹，深蓝色绣花边的尖顶头巾套在外边，帽后垂下一根红带，长度到达腿部。另一种是小花帽，是农闲、休息时常戴的，是平顶式的，绣有花纹，做工精美。苗族妇女平时很少戴耳环，盛装时才会佩戴，手饰和脚饰也很少，没有戴颈圈的习惯。

飞向海南

第 62 页

儿童服饰

链接 三月三节

三月三节是中华民族的传统节日，其中以汉族、壮族、苗族、瑶族为典型，古称上巳节，是纪念黄帝的节日。相传三月初三是黄帝诞辰日，中国自古有"二月二，龙抬头；三月三，生轩辕"的说法。魏晋以后，上巳节改为三月三节，后代沿袭，成为汉族水边饮宴、郊外游春的节日。农历三月初三，也是道教神仙真武大帝的寿诞。

第五册 热带山地雨林与黎苗风情

节庆日的苗家妇女

节庆日的苗家妇女

第63页

研学小课题

1. 苗族婚俗与汉族婚俗有什么相同与不同之处？

2. 染布的植物原料有哪些植物？

3. 制作五色饭的植物颜料有哪些？

研学小实践

1. 动手制作五色饭。

2. 动手做蜡染布。

3. 染布与蜡染的区别。

👆山寨中的房屋

研学小思考

1. 苗家山寨古时管理方式的利弊分析。

2. 苗家人古代信仰的生产力基础。

3. 苗家服饰逐渐汉化的原因。